AF349254

Dirección editorial M.ª Jesús Díaz

Texto Consuelo Delgado
Revisión Equipo Susaeta
Asesoramiento pedagógico María Luisa García Herrero
Ilustraciones F. Valiente, Carlos Fernández, Carmen Guerra,
  Archivo Susaeta
Fotografías Rubén Sáez, Archivo Susaeta
Diseño de colección José Delicado
Realización y edición delicado diseño

© SUSAETA EDICIONES S.A.
C/ Campezo, 13 - 28022 Madrid
Tel.: 91 3009100
general@susaeta.com
www.susaeta.com

D.L.: M-26555-2019

La vida en la Antigua Roma

Texto de Consuelo Delgado

Los romanos del libro

CÉSAR AUGUSTO
JÚPITER
CÉSAR Y CLEOPATRA
ESCLAVO ARTESANO
CLEOPATRA Y MARCO ANTONIO
NIÑA Y NIÑO ROMANOS
MAGISTRADO PATRICIO
PATRICIA Y ESCLAVA
ESCLAVOS FUNDIDORES
AURIGA
VESTAL
CONSTRUCTORES

Índice

La fundación de Roma

La ciudad de Roma se creó en el año 753 a.C. (antes de Cristo) a orillas del río Tíber. Era una región poblada por los **latinos.**

En aquella época había muchos **pueblos diferentes** que habitaban la **península itálica** (la «bota») y hablaban distintas lenguas.

Etruscos

El pueblo etrusco era **el más rico y poderoso.** Vivía entre los ríos Arno y Tíber pero se extendió hacia el norte y el sur. Se dedicaba al **comercio por el mar Mediterráneo,** compitiendo con griegos y cartagineses. Poseían una gran cultura y los romanos aprendieron de ellos el uso de arcos y bóvedas en los edificios.

Celtas
Vénetos
Río Po
Ligures
Río Arno
Etruscos
Picenos
Umbros
Sabinos
Río Tíber
Mar Adriático
Latinos
ROMA
Samnitas
Volscos
Oscos
Mesapios
Sardos
Brucios
ROMA SE CONSTRUYÓ EN UNA COLINA, PUES ERA COSTUMBRE CREAR LAS CIUDADES EN LUGARES ALTOS, QUE DABAN SEGURIDAD EN CASO DE ATAQUE.
Mar Mediterráneo
Sículos
CARTAGO
ISLA DE SICILIA
Tierras controladas por los etruscos.
Tierras controladas por los griegos.
Tierras controladas por los cartagineses.

Rómulo y Remo

Los romanos explicaban el origen de su ciudad a través del mito o leyenda de **la loba y los dos gemelos.**

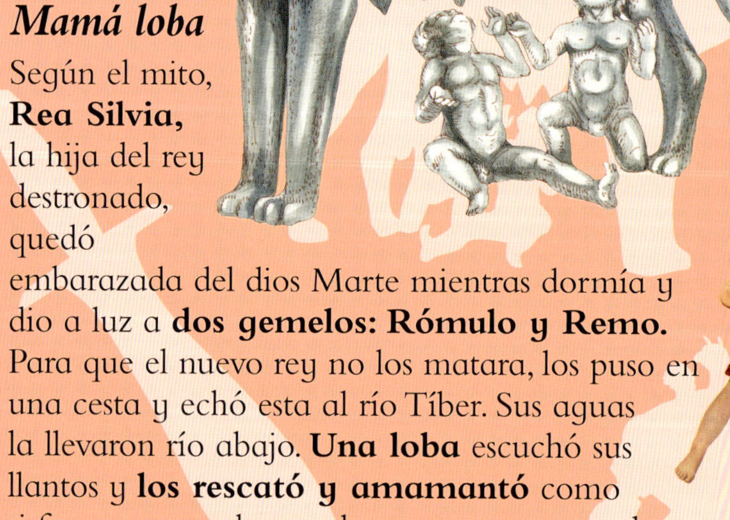

Mamá loba

Según el mito, **Rea Silvia,** la hija del rey destronado, quedó embarazada del dios Marte mientras dormía y dio a luz a **dos gemelos: Rómulo y Remo.** Para que el nuevo rey no los matara, los puso en una cesta y echó esta al río Tíber. Sus aguas la llevaron río abajo. **Una loba** escuchó sus llantos y **los rescató y amamantó** como si fueran sus cachorros, hasta que un pastor los encontró y acogió.

Rómulo, el primer rey de Roma

Cuando crecieron los jóvenes y supieron quiénes eran, liberaron y devolvieron el trono a su abuelo. Después, **los gemelos regresaron al lugar donde la loba los había salvado,** a orillas del río Tíber, para crear allí una ciudad y gobernar. Los dos hermanos **discutieron al elegir la colina** y en la pelea **murió Remo,** así que **Rómulo** creó la ciudad de **Roma en el monte Palatino** y se convirtió en su primer rey.

*Según la leyenda, la colina donde estaba la cueva de la loba era el monte Palatino, una de las **siete colinas de Roma.***

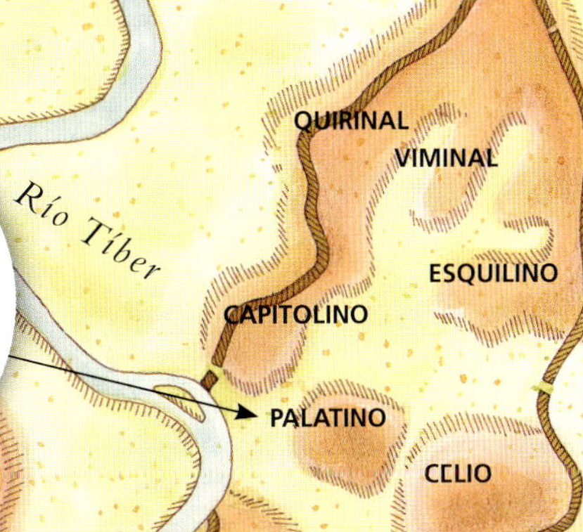

El poder del Senado

El rey gobernaba con el **consejo de los ancianos** que formaban el Senado. Los **300 patricios** que lo componían se encargaban de hacer las **leyes.**

Patricios y plebeyos

En la sociedad romana había dos grandes clases sociales: los **patricios,** que pertenecían a las familias ricas fundadoras de la ciudad, y los **plebeyos,** que eran la mayoría, trabajaban y pagaban impuestos además de luchar en las guerras, pero no podían ocupar cargos públicos.

ADEMÁS DE PATRICIOS Y PLEBEYOS EXISTÍAN LOS **ESCLAVOS,** QUE PERTENECÍAN A UN SEÑOR, Y LOS **LIBERTOS,** QUE ERAN ANTIGUOS ESCLAVOS YA LIBRES.

Tras echar a los reyes tiranos, comenzó la República y el poder recayó en **dos cónsules** que gobernaban juntos durante un año con la ayuda del **Senado.**

Los tribunos de la plebe

Los **patricios,** es decir los ricos, **abusaban de su poder,** pues eran los únicos que podían ser cónsules, senadores y jueces. **Los plebeyos se hartaron** y se fueron de la ciudad, dejando de cultivar, comerciar y servir en el ejército hasta que reconocieran sus derechos. ¡Y lo lograron! Eligieron a **dos tribunos** que defendían sus intereses en el Senado e impedían que se aprobasen leyes injustas.

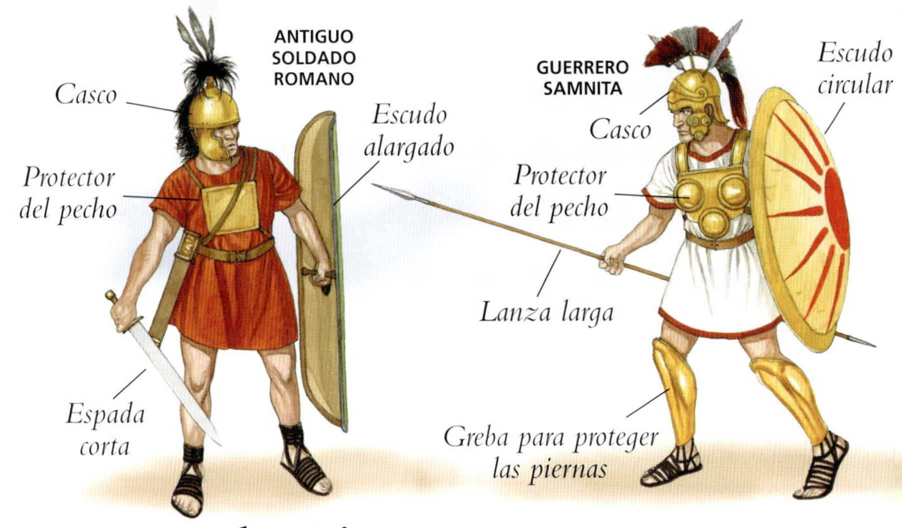

El ejército romano

Los romanos eran un **pueblo guerrero y conquistador** y con el tiempo fueron creando un ejército invencible compuesto por las **legiones.**

Primero ampliaron su territorio luchando con los distintos pueblos que vivían en la **península itálica,** como los samnitas.

Después de adueñarse de toda
la «bota», se enfrentaron a los
cartagineses para controlar el mar.

*Las **legiones** las formaban
grupos pequeños de **legionarios**
que se movían en distintas
direcciones. Esto les permitía
luchar en cualquier terreno.*

Legionarios romanos

Los romanos aprendieron
a **armarse mejor** y
usaron una malla y lanzas.
Después de arrojar la **lanza,**
los legionarios formaban
un **muro con sus escudos**
y combatían con la **espada.**

Roma contra Cartago

La ciudad de **Cartago,** en el norte de África, era un **puerto comercial** importantísimo. Con su **enorme flota de barcos** vendía sus productos en otros puertos que poseía en el mar Mediterráneo.

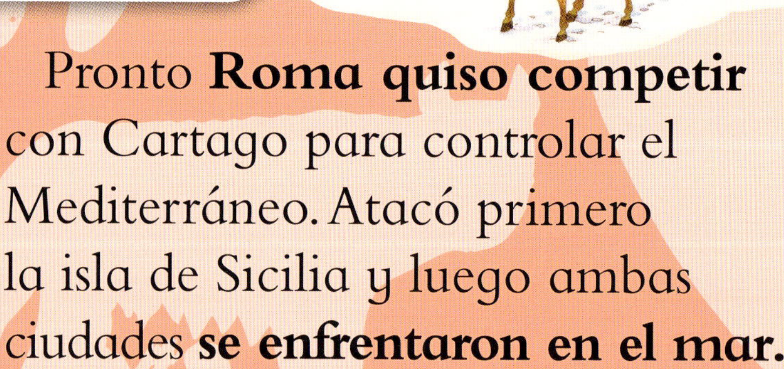

El general cartaginés **Aníbal** atravesó los Alpes con sus **elefantes** y casi llegó a Roma.

Pronto **Roma quiso competir** con Cartago para controlar el Mediterráneo. Atacó primero la isla de Sicilia y luego ambas ciudades **se enfrentaron en el mar.**

Durante **más de cien años** hubo **batallas** en las que murieron miles de soldados y se hundieron cientos de barcos. Al final **venció Roma** después de destruir Cartago.

Los **romanos** construyeron **una gran flota y aprendieron** a manejar los barcos de guerra para enfrentarse a los **cartagineses,** que tenían una gran experiencia. ¡Pero aprendieron rápido!

ROMA ERA PODEROSA POR SU **EJÉRCITO TERRESTRE,** MIENTRAS QUE **CARTAGO** TENÍA MUCHA EXPERIENCIA EN EL **COMBATE NAVAL.**

Control del Mediterráneo

Tras vencer a los cartagineses, **Roma atacó a los griegos** y después marchó hacia el oeste para **derrotar a los íberos y los galos,** que no aceptaban el poder romano.

Finalmente, Roma se enfrentó en guerras con los egipcios y los partos y se extendió por el norte de África, hasta **ocupar todas las costas del mar Mediterráneo.** Por eso lo llamaron *Mare Nostrum,* que significa 'nuestro mar', y en él controlaban todo el comercio.

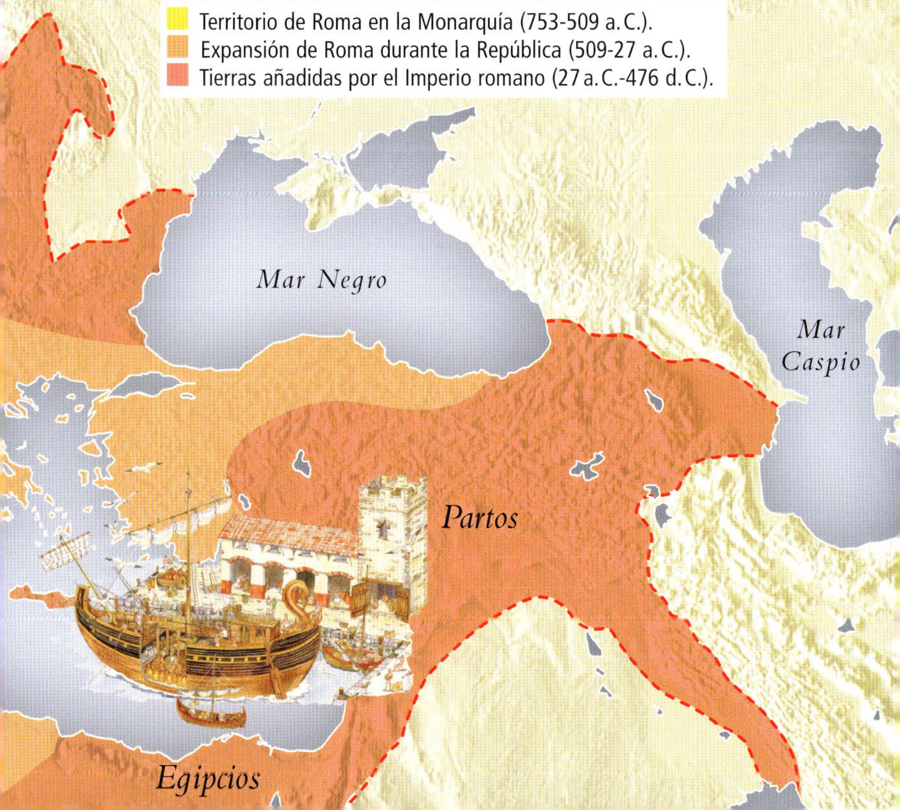

Los barcos romanos

Los romanos aprendieron a construir **barcos de guerra** como los que usaban los cartagineses: los **quinquerremes.** Además tenían sus **barcos comerciales** para vender productos.

Los **barcos comerciales** eran más anchos y altos para poder meter la **carga.** Navegaban con **velas.** Usaban los remos si no soplaba viento.

En las bodegas del barco cargaban **cereales** y ánforas de **aceite y vino,** que vendían en otros puertos del mar **Mediterráneo.**

El **quinquerreme** era un barco con **cinco remeros** para cada grupo de **tres remos.** Esto aumentaba la potencia y velocidad.

Cleopatra

Los **cónsules romanos** dirigían a los ejércitos en las operaciones de conquista. Dos de estos cónsules y **generales victoriosos** fueron **Julio César y Marco Antonio,** quienes además de ser amigos y muy ambiciosos se enamoraron de la misma mujer: Cleopatra.

Romance de César y Cleopatra

Cuando César llegó a Egipto, Cleopatra acababa de perder el trono que compartía con su hermano, quien se lo quitó. César y Cleopatra se enamoraron locamente. Además él vio que si ella recuperaba el trono, Egipto sería aliado de Roma. Y a Cleopatra ese amor le interesaba también para volver a reinar, lo que consiguió cuando las tropas de César derrotaron al hermano. Los dos amantes tuvieron un hijo.

Amor de Cleopatra y Marco Antonio

El joven Marco Antonio era cónsul y amigo de César cuando este fue asesinado. Logró mantenerse en el poder y, para atacar a los partos, buscó el apoyo de Egipto. En su encuentro con la reina Cleopatra, se enamoraron y de ese amor nacieron tres hijos. Pero en su guerra con Roma fueron derrotados y acabaron suicidándose.

El Imperio romano

Los últimos años de la República romana se caracterizaron por las **luchas entre patricios y plebeyos** y por las **guerras internas entre cónsules** que volvían victoriosos de las conquistas y deseaban más poder.

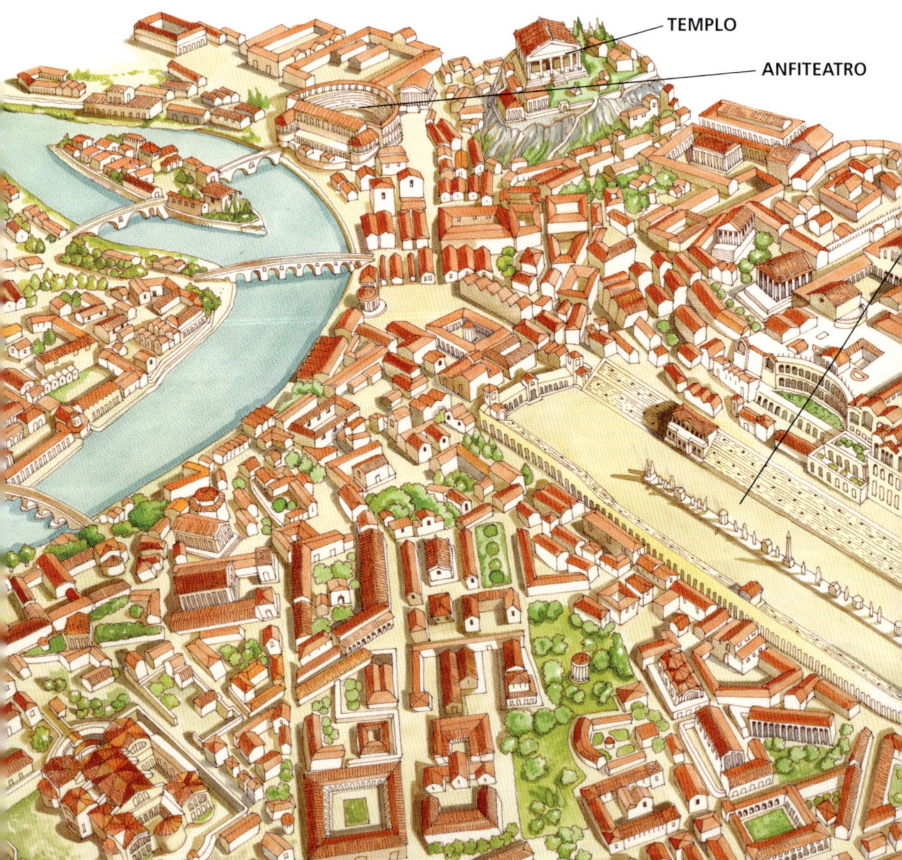

Octavio, el cónsul que derrotó a Marco Antonio, terminó mandando solo y en el año 27 a.C. se convirtió en **Emperador César Augusto.** Comenzaba el Imperio romano, que duró cientos de años.

Roma, capital del Imperio

Los emperadores se dedicaron, sobre todo, a **mantener las fronteras** de tan gran imperio y a **embellecer su capital, Roma.** Hicieron construir arcos triunfales, teatros, termas, acueductos, templos, estatuas. Y proporcionaron **entretenimiento** con gladiadores, comedias, carreras de caballos, etc.

El duro trabajo de los esclavos

Las **conquistas de territorios** proporcionaron muchas **riquezas** y también muchos **prisioneros** que fueron convertidos en esclavos.

Los **esclavos** no tenían ningún derecho y estaban **obligados a trabajar** para sus amos.

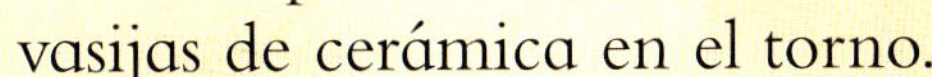

Los amos

Había familias ricas de **patricios** que podían tener
hasta cien esclavos, que les hacían todas las tareas
de la casa o araban y cultivaban las tierras del amo.
También los **plebeyos adinerados** que poseían un
negocio de comercio o artesanía tenían esclavos que
fundían metales para fabricar armas o hacían
vasijas de cerámica en el torno.

*Si el **esclavo** no encontraba
dueño, pasaba a ser
propiedad del Estado
y realizaba los trabajos
más duros, como picar
en las **minas** o construir
calzadas y acueductos.*

El lujo de los ricos

Cada vez había más **desigualdad social.** Los ricos se hacían más ricos, pues compraban las nuevas **tierras conquistadas y esclavos.** Y los pobres se empobrecieron aún más, ya que muchos se quedaban sin trabajo porque los sustituían por esclavos, que lo hacían gratis.

Los **patricios** se dedicaban a la política y la administración pública, y en las campañas militares dirigían las legiones. Los **plebeyos ricos** cuidaban de sus negocios.

Los **ricos** se distinguían por su forma de vestir. Llevaban una **túnica larga** y encima una **toga** o manto blanco, que en el caso de los senadores y altos cargos tenía una **franja púrpura.**

Mucho tiempo libre

Las familias ricas poseían esclavos porque **les daba prestigio** y además hacían todos los trabajos. Tenían así mucho tiempo libre y lo dedicaban a bañarse en las termas, asistir a carreras de caballos y luchas de gladiadores o ir al teatro. Las señoras, además, pasaban horas arreglándose.

Carreras y gladiadores

Las **carreras de caballos** eran un espectáculo muy popular. Corrían **carros** de cuatro caballos conducidos por un **auriga** y debían dar **siete vueltas al circo.** ¡Había peligro y emoción!

Combates de gladiadores

Muchos **esclavos** eran obligados a convertirse en **gladiadores** y entrenarse para luchar. Los combates eran el **deporte nacional,** como hoy el fútbol. Ver pelear a estos hombres entre sí o con fieros animales despertaba entusiasmo y admiración.

Muy buenos constructores

Los romanos fueron verdaderos **maestros de la construcción.** Aprendieron de etruscos y griegos y los superaron con su **ingenio.** Idearon acueductos y cloacas; construyeron anfiteatros, termas, puentes, calzadas (caminos de piedra)…

Grandes acueductos

Para llevar agua a las ciudades, los romanos idearon unos **canales** con un ligero desnivel, de modo que esa inclinación hiciera mover el agua. Cuando el terreno no era llano, construían **altos puentes** que salvaban esas hondonadas y el canal de agua lo colocaban sobre dichos puentes, a los que llamaron **acueductos.**

El **Coliseo** fue el mayor **anfiteatro** del Imperio romano. Estaba en la capital, **Roma,** y en él ¡cabían más de **50.000 espectadores** para ver combates de **gladiadores**!

Las termas

Los romanos iban a diario a las termas, que eran **baños públicos** donde también hacían gimnasia y se daban masajes. Además, allí se encontraban con amigos o se reunían para sus negocios.

Varias temperaturas

Había **tres salas de baño** con distinta temperatura ambiente y del agua. Tras untarse con aceite y hacer algo de ejercicio, el bañista comenzaba en la **sala templada,** luego iba a la **sala de vapor y agua caliente** y después de que su esclavo le quitase el aceite y la suciedad de la piel, terminaba en la **sala fría** para refrescarse.

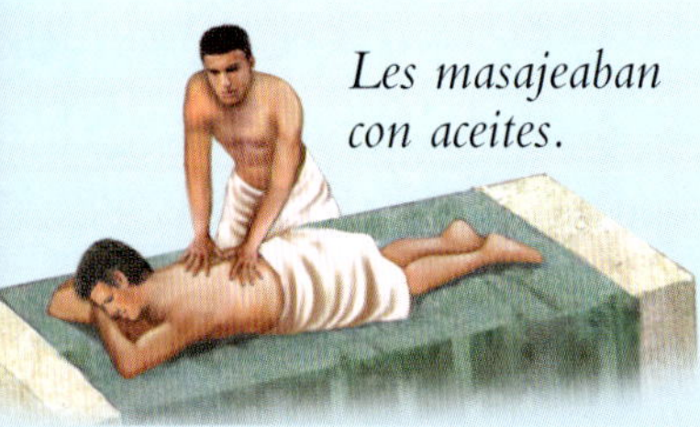

Les masajeaban con aceites.

*Usaban **zuecos de madera** para no quemarse los pies con el suelo caliente.*

El agua la traían por los acueductos. Mujeres y hombres se bañaban por separado.
Mediante hornos de leña, calentaban el agua en grandes calderas y también el aire que circulaba bajo el suelo, ¡era su calefacción!
VAPOR Y AGUA CALIENTE
GUA FRÍA

Las casas romanas

Los romanos más ricos tenían **grandes casas.** En la entrada había **tiendas** a los lados y la vivienda se distribuía en torno a un **patio** con un estanque. A él daban los dormitorios, el comedor y la cocina.

*Al fondo tenían el **jardín,** rodeado de **columnas bajo tejado** para pasear aunque lloviera.*

Construían con hormigón, ladrillo y piedra. El mármol solo lo usaban en las casas de los ricos y en los monumentos.

Bloques de pisos

Al aumentar la población hubo que construir bloques de varios pisos, como ahora. En la primera planta vivían los dueños de las tiendas y más arriba la **gente pobre,** en viviendas muy pequeñas y sin agua corriente.

En la planta baja del bloque había tiendas y talleres.

Dioses familiares

Era tan importante la familia en la cultura romana que **sus dioses eran los familiares muertos.**

En el patio de las casas ponían un altar donde adoraban a los espíritus de esos familiares ya fallecidos *(manes),* los dioses protectores de la familia *(penates)* y los guardianes de la casa *(lares).*

Dioses procedentes de otras culturas

Los romanos **adaptaron** a su propia cultura los dioses de los pueblos que conquistaban. Así, el dios **Júpiter** romano, que era el poder del cielo asociado a la lluvia para los cultivos, tomó forma humana y se convirtió en el dios principal al igual que el dios griego **Zeus.** Incorporaron muchas divinidades griegas cambiándoles el nombre: Venus en lugar de Afrodita, Neptuno en lugar de Poseidón, etc.

OTROS **DIOSES ANTIGUOS ROMANOS** ERAN **JANO,** QUE GUARDABA LAS PUERTAS, Y **VESTA,** QUE ERA LA DIOSA DEL HOGAR.

El templo de **Vesta** era circular y dentro había siempre un **fuego encendido,** que simbolizaba el poder eterno de Roma.

LAS SEIS **VESTALES** ERAN LAS ÚNICAS **SACERDOTISAS** DE ROMA. CUIDABAN DE MANTENER VIVO EL FUEGO DE **VESTA.**

Aprender a ser ciudadano

Solo los hijos de los ricos recibían una educación completa y en casa. Los demás, **niños y niñas,** iban a los siete años a aprender a **leer y escribir y hacer cuentas** con un maestro, que solía ser griego. Las clases las daban en los soportales de una plaza.

Futuros artesanos

Había muchos artesanos en Roma y eran **oficios** que **pasaban de padres a hijos.**

Algunos vendían sus productos en el taller.

Futuros magistrados

Los **hijos de familias ricas** continuaban sus estudios y aprendían los **textos literarios** griegos y latinos y después retórica, es decir, a **hablar y escribir bien,** pues era fundamental para dedicarse a la política y las leyes como magistrados.

FORMACIÓN
EN CÍRCULO

FORMACIÓN
EN TORTUGA

FORMACIÓN
EN FLECHA

EN ÉPOCA IMPERIAL, EL LEGIONARIO SUSTITUYÓ LA MALLA POR UNA CORAZA METÁLICA Y EL ESCUDO OVALADO POR UN ESCUDO RECTANGULAR.

En las legiones romanas, los soldados empleaban varios tipos de formación para protegerse del enemigo.

CORAZA
METÁLICA

ESCUDO
RECTANGULAR

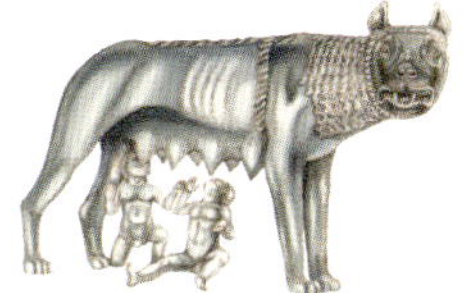

La Antigua Roma

En el año 330 d. C., el emperador romano Constantino fundó una nueva ciudad con su nombre, Constantinopla, que sustituyó a Roma como capital. Además, con la corrupción del gobierno y de los altos cargos, el ejército había ido perdiendo su disciplina y no pudo hacer frente a los continuos ataques de los pueblos fronterizos con el Imperio romano, de modo que este se fue debilitando.

LEER CON SUSAETA

Nivel 0. Aprendo a *LEER*

1. Los bebés de los animales • 2. El patito feo • 3. Cenicienta
4. El lobo y los siete cabritillos • 5. El burrito Platero • 6. El león valiente
7. El ratón y el gato • 8. Los vikingos • 9. Los tres Reyes Magos • 10. Aventura en la selva
11. Un dinosaurio despistado • 12. La granja del abuelo • 13. El unicornio Rayo de Luna
14. El ratoncito Pérez • 15. Un dinosaurio en el súper • 16. Un dinosaurio en el cole
17. El elefante bombero • 18. El cerdito cocinero • 19. Matías el granjero
20. El conejito jardinero • 21. El gorila perezoso • 22. La ardilla optimista
23. El conejito glotón • 24. El elefante generoso • 25. Búho, el mejor profesor
26. El oso Doctoroso • 27. El dinosaurio se disfraza
28. Un dinosaurio en el parque de atracciones • 29. El dinosaurio quiere ser pirata
30. El dinosaurio quiere ser artista • 31. El flautista de Hamelin • 32. La ratita presumida
33. El secreto del ratoncito Pérez • 34. ¿Qué le pasa al ratoncito Pérez?
35. Los Reyes Magos • 36. Papá Noel y la Navidad • 37. El dragón bombero
38. El soldadito de plomo • 39. El circo de los unicornios
40. Lola y su poni. Historia de una amistad • 41. El tigre y los colores
42. Juan y las habichuelas mágicas • 43. La princesa y el guisante
44. Alí Babá y los cuarenta ladrones • 45. Rapunzel • 46. La pequeña nube y el sol
47. Juan Sin Miedo • 48. El abecedario • 49. ¿Quién se ha llevado los dientes del ratoncito Pérez?
50. Un amigo para el ratoncito Pérez

Nivel 1. Empiezo a *LEER*

1. Animales de la granja • 2. Fiesta de brujas • 3. Castillos de miedo
4. Historias de ogros • 5. Historias de ponis • 6. El porqué de los animales
7. El porqué del cuerpo humano • 8. Adivina adivinanza • 9. Caperucita Roja
10. Pulgarcito • 11. La bella durmiente • 12. Los tres cerditos
13. Fábulas de animales • 14. Historias de Hadas y Princesas • 15. El mago de Oz
16. Historias del Arca de Noé • 17. Animales viajeros • 18. El mundo de los osos
19. Peter Pan • 20. Mi mascota el dinosaurio • 21. Piratas • 22. Simbad el marino
23. Un dragón en casa • 24. Bambi • 25. La casita de chocolate
26. El gato con botas • 27. Aladino • 28. Aventura en el bosque mágico
29. La princesa y su poni en busca de la primavera • 30. La cigarra y la hormiga
31. La gallina de los huevos de oro • 32. La liebre y la tortuga
33. Ratón de campo, ratón de ciudad • 34. Mi bicicleta Lota • 35. Ricitos de Oro
36. El mago Merlín • 37. El zorro y la cigüeña • 38. El congreso de los ratones
39. El cuervo y el zorro • 40. La lechera y el cántaro de leche • 41. El lobo y el cabrito
42. El pastor mentiroso • 43. El zorro y las uvas • 44. Los buenos modales

Nivel 2. Ya sé *LEER*

1. Historias de dragones • 2. Caballeros medievales • 3. El libro de la selva • 4. Pinocho
5. La sirenita • 6. Las princesas bailarinas • 7. La Bella y la Bestia • 8. Blancanieves
9. Cuentos españoles • 10. El Cid Campeador • 11. El mundo de los tiburones
12. Los mejores chistes • 13. El mundo de los dinosaurios • 14. Historias de aviones
15. Nuestros amigos los perros • 16. Historias de barcos • 17. Historias de trenes
18. Historias de coches • 19. Historias de la Biblia • 20. Las plantas • 21. Egipto
22. La vida en la Antigua Grecia • 23. La vida en la Antigua Roma
24. Historias de unicornios • 25. Descubre los insectos • 26. El sistema solar
27. Fábulas de Esopo • 28. Cuentos de Navidad • 29. Antología de poesía para niños
30. Desastres naturales • 31. Historias de gnomos • 32. El mundo de las hadas
33. El gato que caminaba solo • 34. Fábulas de La Fontaine • 35. La pequeña ballena azul
36. Exploración espacial y astronautas • 37. Un día en el museo

Nivel 3. La aventura de *LEER*

1. La isla del tesoro • 2. Lazarillo de Tormes • 3. Las aventuras de Tom Sawyer
4. Mujercitas • 5. Sandokán • 6. La vuelta al mundo en 80 días